동행에 대한 틀린 생각

안승천 시집

• 본 도서는 2024년 부산광역시, 부산문화재단 〈부산시문화예술지원사업〉으로 지원을 받았습니다.

가슴에 내리는 시 145

동행에 대한 틀린 생각

지은이 안승천
펴낸이 최명자

펴낸곳 책펴냄열린시
주소 (48932)부산광역시 중구 동광길 11, 203호
전화 010-4212-3648
출판등록번호 제1999-000002호
출판등록일 1991년 2월 4일

인쇄일 2024년 9월 27일
발행일 2024년 9월 30일

ⓒ안승천, 2024. Busan Korea
값 12,000원

ISBN 979-11-88048-00-7 03810

• 저자와 협의하여 인지를 붙이지 않습니다.
• 잘 못된 책은 바꿔 드립니다.
• 이 책의 내용 중 일부 또는 전부를 저자 및 출판사의 동의없이 사용하지 못합니다.

시인의 말

마칠 때가 되도록
바람이 내고 간 문제에
답을 구하지 못한다

무서리 진
담장 위 풀대
실없이 흔들린다

다음을 기약할 수 없어
4부에 묻어둔 말 흘린다.

2024. 9
안승천

차례…04
시인의 말…03

제 1 부

바겐세일…11
무풍한송로…12
방황나비…14
낙타 발자국…16
거미…18
강물…20
잃어버린 시간…22
검은 비닐봉지…23
11월…24
나를 찾아요…26
아슬하다…28
삿대질…30
먼 길을 가다…31
꿈꾼다…32
독거…34
나뭇잎…36

제 2 부

농바위…39
방목둑…40
구포 나루터…42
갈맷길…44
부산 돼지국밥…45
반나절 일…46
유엔 묘지…48
하단에서…50
독도…52
노을 밖 하얀 홀씨…54
어둠의 빛깔…56
낮은 지붕…58
고등어…60
마른 멸치…62
겨울 해운대…64
그리하여 송정역…66
시천…67
가파도 보리밭…68

제 3 부

시소타기…71
앵무새 키우기…72
버려진 시계…74
누드김밥…76
밥버러지…78
진부함의 제거…80
산중호수…82
화살나무 단풍…84
종이컵…85
나날…86
섬에게…88
풀뿌리…90
동행에 대한 틀린 생각…92
정박…94
천은사…95
월식…95

제 4 부

나의 사랑은…99
바다로 가라…100
물의 변증법…102
풀씨 이야기…104
담 안…106
돌담 풍경…108
꽃양산…110
동행…112
별리…113
아픈 이름은 곁에 있다…114
속을 보였네…116
사진 속에서…118
부탁…120
나뭇잎에 쓴 편지…122
그가 오고 있다…124
손잡고 나란히…126

해설/방황의 갈등구조 • 강영환…128

제 1 부

바겐세일

대개는 그렇게
줄과 층 사이
칼금으로 박혀 있지 않느냐

갈림길에 끼여서
물결에 밀려서
밤낮을 찍어대며
먼 길 돌아, 가고 오는

통곡이란
돌이킬 수 없다는 걸
깨달았을 때 터져 나오는

햇살은 맛보셨나요?
한걸음 나와 보세요
윗목에서 일어나
아침 해를 등에 지면
아랫배가 따스해지는

무풍한송로 舞風寒松路

찾아 가려면, 차라리
나중에 가라
이 길 먼저 걷고 나면
다른 곳은 쉬이 보여
아무데도 못 간다

흔들리지 않는 기도가 어디 있느냐고
거북등 갈라진 허리로 석등이 되고 싶은
볼 시린 소나무가 천년을 수행하는
바람 이는 길목

새날 오는 한밤
기원 새긴 바위가 바다를 헤엄치고
청류동 맑은 물이 일자일배一字一拜
무릎 꿇고 외는 법화경 쫓아
영축산 거슬러 오른 암각화 귀신고래가
꼬리지느러미로 하늘 향해 반장半掌하는
짙고 짙은 길

〉
애당초 와야 했다고
공연히 둘러왔다고
이길 저길 헤매다
이제야 맨발로 다가서는 금강계단
솔숲 선방에 새벽안개 스민다

방황나비

나비넥타이를 매고 싶다
꽃가루를 묻히지 않고 치자꽃에 앉을 수 있겠지
어쩔 수 없이 남겨놓은 발자국은 지워야 해
순간을 버티지 못하고 허공에 그려놓은 날갯짓
뒤뚱거리며 삼켜야만 해
색조 화장이 무거워 어깨가 처지려 해
끝내 애벌레 모습을 지우지 못하나 봐
단내 쫓고 꿀물에 발 담그려
아직도 온 낮 숲속을 뒤적이지
꽃은 더 이상 위로가 아니야

바다를 건너야 해
안데스 넘어 망가진 우림雨林으로 가야겠어
이마 위에 구름 이고 한 열흘 비를 뿌릴거야
키 큰 무화과나무에 물방울무늬 긴 목걸이를
매어주고 싶어
토닥이며 바닥을 밟는 소리가 울리겠지
밀림이 걸음을 붙잡아도 죽지가 젖을 때까지
방황할거야

〉
열흘 하고도 하룻밤을 더 울고 싶어
매미 날개를 봐 그늘에서도 투명하고 싶지
허리를 바로 세우고 고개를 숙이지 않아야 해
눈길은 비스듬히 구름 위를 볼 거야
새털구름에 밧줄을 걸고 황색등을 깜빡일 거야
나를 움직일 수 있는 건 꿈뿐이야
솜털 위에 앉아 날개를 접고 나비 꿈을 꿀 거야
늦은 봄 햇살구름 위를 밟는
비늘가루를 덮어 쓴 젖지 않은 그 꿈

낙타 발자국

어디로 가느냐고? 그야 모르지
길이란 없는 거니까
모래는 제 몸을 말려 판화를 찍곤
바람에 지우니까

그림자를 끌고 홀로 나아가는 게
강하다 말하지 마라
고개 들어 별 보고 어깨 굽혀 무너지는 발자국을
남기는 게 사막을 가는 방식

나직이 우는 모래언덕 뒤로
그늘진 우물가에 낡은 고삐 푸는 꿈을 꾼다

언젠가 풀밭을 밟았지 개울 흐르는 찰진 초원
걸을 수 없더군 평발은 붙잡고 엉덩이는 무겁고
이 사하라가 굴레만은 아니지 싶어
까슬한 바람, 검은 태양 그리고 환한 침묵이

뒤처진 발자국은 잠깐 길로 남았다가 이내 지워 진다

〈
모래를 파면 하얀 고래 뼈마디가 묻혀있을 거야

맞물리는 태양 아래 어디로 가는 걸까
방울을 울리면 모래는 흐트러진 자세로 몸을 세운다
바람 비비던 모래구릉 숟가락을 엎어놓고 고개를 든다

달군 햇살 말이 없고 돌아오지 않는 구름만 답을 알까
낙타 빈 사막에 물음표를 남긴다

거미

그해 친정 어른 장례 치르던 달
칠월 염천 팥죽 끓는 날에도
문상객은 끊이지 않는데
주검은 땀 한 방울 흘리지 않고
생전처럼 얼음 되어 수의를 입더라

내 하는 일이 그렇소
가는 수족으로 줄에 매달려
엉덩이를 치켜들고 아래로 내려다보는 것은
하늘로 뜰망을 쏴서
별똥 한 덩어리라도 건지려는 발버둥
스쳐가는 미풍이라도 잡아채어
오소소 떨어볼 참이라오
독니는 깨어지고 다리도 말을 듣지 않는데
이제 와서 무엇을 할 수 있을까

수국 찾아간 절집
보리수 염주 하나 쥐어 주며
찬불가나 쐬고 가라는데

〈
나는 가만히 구름 앞에
한 걸음 다가선다
손수건을 건네주지만
눈물을 뽑아낸 건 저 푸른 손바닥

떼어지지 않는 그물코를 딛고
먹이를 쫓아가지는 않는다고 변명하려다
건널 수 없는 이쪽저쪽 많이도 흔들렸으므로
마침내 까만 마침표 하나 입에다 물고
반공半空에 서서 바르르 떤다

강물

두루미 백 년 다리로 만든 피리
소리가 가벼워 허공을 감칠 듯 퍼진다지요
누굴 밟지 않고 날기 위해
토하고 헛배 앓아 뼈 속까지 비웠을까

담 넘어 수수꽃다리, 손 흔들어도 향은 오지 않네
평원이 넓어도 물길은 따로 있고
숲 짙어도 새 앉는 가지는 정해져 있지
둥지를 벗어나지 못하고
강물아 흘러 어디로 가니
너는 또 어느 곳으로 날아가니

철지난 연밥 고개 숙이고
달빛 추녀 끝에 풍경을 울릴 때
부끄러운 그림자 길게 눕는다
제자리 있어야 짙어지고 제때 없으면
빈 것이나 마찬가지

알게 뭐람, 듣고 보니

〈
오금조금 미안해졌다
작지만 무거운 금고
물 밑으로 가라앉는다

잃어버린 시간

긁어모아야 물 한잔 끓이지 못할 담쟁이
슬그머니 기어올라 담을 타고 넘어
기어이 창문을 벽으로 가린다
찻물은 끓는데 손님은 오지 않고
분칠한 주먹들이 철벽으로 막아선다

꽃도, 잎도, 향만 남기고 흩어진다
걸음은 어느 어귀에서 쉬고 있나
기억에 기댄 아침은 긴 그림자너머 바삐 떠나고
저녁은 어디에서 독배를 들고 있을까
얄팍한 줄거리는 빤한 결말을 남긴다
달은 그루터기에 자화상으로 앉는다

놓치고 간 것이 없냐, 신이 묻는다
서둘러 챙기고 가던 바람이
뒤처진 그림자를 기다리며 건너다본다
모서리도 구석도 낭비는 없다
앞서가고 따라가는 시계 바늘
단지 지나고 이어갈 뿐 멈출 수 없다

검은 비닐봉지

자 이제 단 한 번
빛도 찾아오지 않는 어둠을
한 봉지 담으렴
나는 돌아가서 식탁에 앉아 어둠을 퍼먹고
그 캄캄한 냄새로 이불 덮어
깨지 않을 잠에 들 것이네

누군가 땅속 깊은 곳
새까맣게 꿈결로 흐르던 너를 깨웠듯이
나도 바람에 날려 겨울가지에서
애타게 울부짖는 네가
일으켜 세워주지 않겠는가

빈 가지 끝에서 헝클어진 채
서로 털어버릴 검정이 있지 않는가

유달리 목청 탁한 까마귀 한 마리
새벽 울음 운다
너도 제대로 잠을 이루지 못했나보다

11월

다행이야, 나 떠난 뒤 아직
낙엽 한 장 구겨진 하늘에 걸려 있을 테니
헝클어진 글자 허공에 흩고 있을 테니

아주 지나쳐 버렸어
되돌리겠다는 마음도 비운 채 지나갈 역에서
선반 위에 짐을 내리고
말려 올라간 바짓단을 바로 하고
덜컹대는 기차에서 내려야 할 때

호젓호젓 직박구리 한쌍
허공에 발자국을 긋는다

치이고 받혀, 멍들고 패인 별은 있어도
모난 행성은 없다
하늘은 한 마디 끊임없이 그려가는 풍경
길은 닳고 굴러서 모서리를 지우는 통로

마지막 장이 벗겨져도 신기루는 없다

〈
길 끝에 무지개는 벌써 고드름을 매었다
처음과 끝, 한 걸음 가슴 펴고 바로 걸어가는 지금
주저 없이 섣달그믐만 보고 간다

나를 찾아요

빛에 무지한 나를 찾습니다
바람은 어디서 나와 어디로 가고
어둠은 왜 무심코 지워지는지

시샘 거래되는 장터에 간혹 나타난다는데
흩어질 동전을 모두 걸겠습니다
낯선 곳을 싫어하니
물 흐르고 집 있는 마을에 끼어있겠지요
밤에 올가미를 놓지 마세요
저녁을 지나는 문턱에 걸려 허둥대다
아침에 헛발 짚을 수 있어요

눈 덮인 안데스를 벗어나려는 빙하
바다로 나아가지만 디딜 곳 없어
뻗어 나온 발가락이 무너져 내린다
잡을 수 없는, 귓가에 떠도는 유빙流氷이니까

닿았던 옷깃 다 날려 보내고
바람 꽁무니만 바라보고 있는

〈
어쩌지 못하는 길 위 멈춰선 그림자 보거든
'옳다, 그렇구나' 찾아요

아슬하다

방랑자 길을 묻는다
길 끝에 풍차가 돌고 넓은 초원으로 갈 수 있는
후미진 길을 걸을 때도 손 흔들며 어깨동무 하는

길에는 길손들만 있다
길은 막히고 손을 놓친다
무거워서 처지고 가벼워서 흔들린다
해는 저물고 바닥에서 지쳐 울면서 헤맨다

숲에서 길을 잃는다
땀 식어 춥고 날은 어두워진다
어딘 줄도 모르고 점점 깊이 빠진다
불빛은 사라지고 온몸이 떨린다

네모난 숲 높은 파도 사이
잘못 들어선 갈림길에서 새벽을 맞는다
이유도 모르고 흔들리는 길가 풀꽃에게 묻는다

'사방으로 뻗은 길은 올곧다 환하다'

〉
비틀댄 걸음이 이어져 길이 된다
굽고 꺾이고 비탈진 앞선 발자국은
내 걸음 무디지 않게 하는 숫돌
벼렸다고 달려들지는 않는다

길은 멈추지 않는다 다만 풍차가 돌아가는
길 끝은 아슬하다

삿대질

공중에선 아래가 잘 보이는가
먼지 나도록 구르는 발이 안타까운가
그래도 언제나 웃어라 할 건가

흙에 나서 바람에 흔들리다 흙으로 가는
나로 말할 것 같으면, 오르지도 내리지도 못한
허공을 배회하는 방랑자
어디에도 기대지 않고 걷는다

하늘 쳐다보지 않는다
바닥 따위 무에 큰일일까 어차피 발길 밑인데

위에서야 잔물결로 보여도 바닥에겐 산 넘어 산
뒤에 있던 그림자 앞으로 길게 늘려
겁주지 마라 하늘아, 내 알아서 한다
태우고 얼리고 굶겨봐라 몸 없어졌는데 뭔들

마르고 닳아 먼지로 흩고 갈 테니
딱 기다려라, 제기랄

먼 길을 가다

우연은 없다 그렇게들 걸어간다
모래땅 잠시 피는 선인장 꽃이 선명하다
흙탕길 마른 발자국이 또렷하다
비밀을 숨긴 걸음을 재촉하지만
끝내 길을 길들이지 못한다
갈라졌다 모이고 턱없이 험해져도
너무 힘들게 걷지는 않는다
물웅덩이 있거든 돌아간다
콕 정하지 않는다, 정한들 그곳이
마른 땅인걸 누가 장담 하는가
멈춰질 때까지 갈 수 있는데 까지 가야겠다
하얗게 웃고 함께 날렸지만
버찌 한 알 따로 떨어진다
아기가 보금자리에서 첫발을 떼고
먼 길 돌아 마지막 발을 누일 때까지
수레를 끄는 이 모두 잘 가오
편히 들 가시오
길은 섬을 향해 달려가지만 돌아보면
무지개는 결코 들판을 밟지 않는다

꿈꾼다

빈 화분에 물을 준다
꿈길 속 피어오르는 얼굴
밝은 날 한번 보자고 초대한다
확답 받지 못한 채 길을 나선다

네가 꾼 예지몽을 떠올려 봐
누구는 내일이 달려간 흔적을 찾을 테니
등에 업은 애기를 팽개치고 마권을 사곤 하지
한 몸 네 눈 가진 쌍두사는 다른 방향으로 긴다
듣고 보는 일에 손발이 너무 지쳤다
그렇지, 너는 꿈꾸기 위해 살고 아무는 살기위해
손을 놓았다지
물은 주었지만 대답 없는, 너

끝내 몸 적실 수 없는 겨울 강물
우리는 상상만으로 배를 불려서 신경은 쇠약해졌다
너는 별빛 속에서 포도주를 마시고 흰 수건으로
식탁을 치운다
모모는 졸음이 기댄 대합실에서 연착하는 기차를

〈
기다린다

속이지 못한 밤은 기어이 우리를 내쫓고
대낮은 지치지도 않고 무섭게 신호등을 바꾼다
흐트러진 모래가 손가락 사이로 빠진다
예기치 않는 순간 밤의 크로키를 놓친다

헛디딜 벼랑도, 밤새 낯선 얼굴에 쫓겨
걸음이 얼어붙어도
아무렴, 물기 사라진 마사토는 사막이므로
바닥과 천장이 한 몸임으로
꽃 지고 흙만 남은 화분에도 물은 주어야지

대낮에 꽃신 버리는 꿈을 꿨어요 재수있는 거래요
모두 놀러오세요
네거리에 점멸등이 깜박인다
빈 화분에 물을 붓는다

독거

나 하나로 가득채운 소인국
하늘은 손바닥보다 좁아 발 놓을 자리조차 없다
묻지도 찾지도 마라
비교당하기 싫어 담 안에 둔다

구겨진 옷가지 바닥에 널렸다
천장은 성난 바다 되어 일렁인다
해일이 벽에서 돌아눕는다
발톱에 코발트색 페디큐어를 붙인다
말린 콧수염을 풀어서 토성에 연결한다
홀로 누워 알게 되었다

숨소리로 채운 심해
먼 바다를 헤엄치는 붕어가 된다
입안 스피커가 모르는 사이에 떠든다

'사랑합니다 이 세상보다 더'

흔들리는 의자에 앉은 노을이 떠난다

〈
오늘도 저녁이 숨쉰다
외길은 생의 바깥까지 지녀야 할 왕관
우산 따위는 쓰지 않을 것이다, 아직
흘러내려야 할 빈말이 남았으니

나뭇잎

뿌리는 꿈쩍 않고
볕 좋은 자리 골라
고개 기울이는
눈치 없는 나뭇잎

기척만 해도 놓치지 않고
소슬바람을 기웃거린다
괜히 시선만 흔들린다

끝내 가야할 곳이 바닥임을 알고
뜬 눈으로 말라간다

제 2 부

농바위*

'비가 온다'고 썼다가

흐린 오후 낮은 구름 따라
큰 고개에서 내리막을 타고 바다 끝에 선다
발 비좁은 벼룻길 오른편
옷소매 젖은 겨울을 접어 넣다 만
서랍 덜 닫힌 농바위에

'차가운 비가 휘적신다'로 바꿔 적었다

'잔물결 포갠 파도만 겹겹이 헤집고 있다'고
고쳐 적었다

비가 내린다
금간 공중에서에
벼랑에 선 바위에 서러운 비가 흩날린다
서둘러 서랍을 닫는다

*부산 남구 이기대, 오륙도가 보이는 벼랑

방목둑[*]

늘어진 장마위에 태풍이 덮쳤다
읍내를 거쳐온 여항산 물줄기를 배수장 펌프가
밀어내기는 힘이 달렸다 낙동강은 멀고도 높았다
이고 지고 달구지에 가재도구를 본동 산위로 올려놓고
물은 동네를 덮고 길은 잠기는데
아버지 데리러 둑으로 갔다
첫째 둘째 둑은 벌써 넘쳤고
군데군데 갈라진 셋째 둑 만 견디고 섰는데
억수 쏟아지는 어둠 속에서 동네 어른들 횃불 들고
물세는 자리 모래가마니를 들어부었다

서서히 물은 빠졌지만
지붕 떠내려갔고 땔감은 젖었다
물구덩이에서 목이 말랐다
우물은 바닥까지 퍼내어 몇 번을 말려야 했다
그해 여름 범람에서
메밀 대파代播해서 쑨 수제비 국물 떠먹으면서
키가 부쩍 자랐다
소 몰고 둑길에서 숨은 담배 피울 때

〈
촛농 바른 널빤지 타고 가을 둑을 내려가는
동네 꼬마들을 보면
'얌마 잔디 뿌리 죽으면 뚝 터진다'

당산나무는 없어도 골목사이 목청은 드세도
밤새 기적소리 껴안아도 역앞 새 동네 뒷 둑
봄이 오면 잔디는 기어코 비탈을 타고 오른다
헐벗은 가로등* 불빛아래서

*함안군 가야면 말산리
*재일동포 성낙삼 기증

구포 나루터

 진줏빛 눈썹화장을 지운 물결은 이제 솔직해져서 석양도 더 이상 속지 않는다 부풀었던 물살에 못이 박힌 후 어디서부터 물줄기가 틀어졌는지 누구도 모른다 달은 강물 위에 무정란을 낳고 거센 발톱으로 알들을 뒤집는 무성생식 마침내 알을 깨고 나온 철새들은 서로 슬퍼하는 법을 배운다
 수많은 능선 사이를 진양조로 걸어온 탁류는 물방울로 솟구치는 훈련을 받는다 바람과 하늘이 벌이는 위험한 줄탁동시 낙동강은 안개등을 켠다
 울음 달래려 강의 굽은 등을 두드리는 손금 지워진 나루터 잇몸 드러낸 흐느낌을 뒤지다 빈손으로 저만치 물러나 앉는다 종이배에 노을을 실어 보내고 달이 빛나는 그림자를 남길 때쯤 강가 맞은편이 서로 다른 노래를 부르는지 귀를 세우지만 허튼 가락은 처절하고 또 감미로워 사전만 뒤지다 만다 같은 곡을 다르게 부르는지 다른 노래를 하는지 끝내 알지 못한다
 불타는 별에는 수은강이 흐른다고도 하고 이오위성 얼음 바다 밑에는 끓는 물이 부글거려 떠드는 것 같기도 하여 온통 알아들을 수 없다 하구언에 부딪혀 역류

하는 물비늘을 만든 달빛은 금빛 도장을 손목에 찍어 갱물에 닿고 갔음을 인정해 주는데 오월 스무아홉 물살은 그새 화장을 고치고 미간을 찌푸려 유속과 수위를 감춘 채 차가운 자세로 고쳐 앉았다

 달그림자도 벤치에서 돌아앉아 못 본 체 하였지만 그 모습 정물로 보였는지 갈대 떠난 뻘밭 햇살에 취해 누워 자던 몸 기운 나룻배가 슬그머니 끼어든다

 서로 돌아앉아 발에 묻은 모래를 털어내는데 밤하늘을 밟고 가는 철로는 불 밝힌 두 눈을 배회한다 강의 신음은 끝일 듯 끊일 듯 소리 죽여 흐르고 밤을 도와 달려온 달빛이 너나 나나 모래 한 알 위에 흐르는 빛살 파편이라고 달이 전하라며 죽은 듯 입 다물란다 피안 차안 똑같이

갈맷길

그냥 걸어 갔다
공터 지나 섶자리 다리 넘어
산 무릎에 난 바닷가 길
오르막 내리막
파도 따라 흰 물결 밟고 가는 구름다리
계곡 사이로 바다를 걷는다
무심한 갈매기 따라
한참을 걸어가면
해국 향내 솟는 오륙도
바다에 있다

부산 돼지국밥

뚝배기에 숟갈을 꽂는다
바다를 향한 돛폭에 바람이 안긴다
날도 자리도 어중간할 때
비계 뜨는 국물에 새우젓 정구지
눈치껏 듬뿍 넣어 후후 불며 떠먹으면
뺨 덮은 구리 빛은 녹여내지 못해도
손가락마디 파고든 굳은살은 벗기지 못해도
바람 거친 선창가 굳은 어깨가 이렇게 녹지 않느냐

"와, 거짓말 같제
 하모 꼭두새벽 빈 종착지에서 한번 잡숴봐
 배부르고 등 따시모 종착역이 고마 시발역이 된다카이
 시~발이란 말 니 알긋제"

땅 끝에 몰린 배고픈 피난이 시작이었다나
뭐 잘 덮어놓은 거 들추어서 뭐해 그렇다는 거지
가마솥 끓어오르는 국물 토렴하는 소리
일생 손때 묻힌 질그릇에
빛 한줄기 긋고 가는 별똥이 쏟아진다

반나절 일

용호동 국밥집 마흔은 족히 넘어 보이는 남녀
얼굴 붉히며 수화를 주고받더니 남정이 숟가락을
팽개치며 거칠게 문을 밀치고 나간다
여인이 바삐 계산을 하곤 따라 나선다

"할매 무슨 소린교?"

"아 저거, 새벽시장 공치고 반나절 일 때운 넘이
 앉은 자리에서 소주 세병이 머꼬
 술 고마 무라꼬 말긴다꼬 저리칸다 아이가
 저거 내외 말 못하는 기 불쌍해서
 사발 밑에 괴기도 몇 모타리 깔아주고 했는데
 집에 가서 안싸울란가 모리겠다
 저기 저래도 술쿠세가 있는기라 그래도 안이
 을매나 착한지"

"자주 저라는교?"

"하모 비오면 비온다고 일 떨어지면 일 없다고

술만 들어가모 저 지랄아이가
 둘이 심을 모아도 살풍말풍 할긴데 큰일이제"

"아따 할매도 넘으 이불 밑에 야기까지 머라캐샀는교
 마 시끄럽꼬 여도 대선이나 한병 주소"

"아이고 이놈아 니도 속이 타나
 되기 힘들낀데 술은 고마하고 국밥이나 퍼뜩 한 숟
 가락 하고 얼른 집에 들어가 봐라
 백지 돌아댕기바야 오라칼 넘 한넘 없다"

꼬치꼬치 따져대던 섶자리 목 쉰 물결이 울대를
삼킨다

유엔 묘지

등이 낮은 무덤
너무 낮아 안심이다
닿을 수 없는 길 끝에 선 걸음
곧게 걸어간 발자국이 잠든 묘지

어둠 움켜쥔 손에 멱을 잡혀
오도 가도 못하고 주저앉은 막다른 길 위에
생명 지펴 등불을 밝힌
낯선 나라에서 찾아온 앳된 얼굴

고맙고 고맙소
그저 고마울 따름이오
메타세쿼이아 양 갈래로 땋은 그늘지나
무명용사의 길 넘어 도은트* 맑은 수로에
눈길 적시면

오륙도 등대 넘어 신선대부두
배 들어온 새벽이 고동을 울린다
설 여문 장미 봉오리 눈망울에 햇살 부신다

〈
하늘은 맑고 남풍에 깃발 나부낀다
그대 다독이고 담쏙 껴안았던 가슴 속
손 모은 조개구름

*호주 6.25참전용사. 17세에 전사

하단下端에서

모퉁이에 부딪히고
모래톱에 휘둘리고
그래, 너도 당해 봐야지

흘러 보내야할 자리는 있어야겠지
보내놓고도 남는 눈물은 여전히 물결이겠지만

방금 별똥 하나 타올랐다가 지워진다
그 빈자리 아쉽던가

흐르는 듯 마는 듯 흔적 없다
밀고 밀리다보니 어느새 발뒤꿈치

잠시 젖었다 모래알 속으로 스미거나
물안개로 떠올라 허공에 흩지 않고
밑동까지 떠밀려온 것 같아

그래도 하늘과 땅에게 쉬지 않고
노래를 불러주었구나

〈
달아 오른 귀 적셔주고
아득한 사이에 숨죽여 울며 왔구나

해 저문 낙동강 발끝
외줄 수평선 위 초승달이 등을 켠다

독도

빗방울 스민 2호선 수영역
창고개방 공장가 아동복 신사복 등산복 땡처리
듬성듬성 문 연 지하상가를 나와
비디오 무한상영 모텔거리를 한 골목 건너면
목 떨어진 검붉은 동백 위로 실비에 젖은 산수유
노란 얼굴을 내민다
좌수영 남문 뒤로 주름 많은 푸조나무 사이
덩그러니 아버지 닮은 어울리지 않는
금빛 졸부 같은 동상 하나*
쓸데없는 일 한다는 자식들 볼멘소리 들으면서도
부득부득 세우는 조상의 비석 같은 것
오래 전에 동래수군 노 젓는 군졸
손바닥만 한 배에 문짝보다 작은 돛을 올리고
한주먹 찐쌀과 물 한 모금으로 거센 물길 건너가던
바다 넘어 시집보낸 고명딸
해 돋는 물살 너머로 새벽 정찰 나간 무언의 파수꾼
언제나 외롭고 짙푸른 한바다
차가운 파도 아스라한 섬
어떻게 견뎌내고 있을까

지금은 무엇을 하고 있을까
바닷새에게 인사하는 목소리는 밝을까
이 밤은 또 무사히 넘길 수 있을까
수강사守彊祠 낮은 처마는 말문을 닫았다
빗물 떨어지는 지하철 만남의 광장에는
준비된 예비 선거후보 명함이 낯 가려운
악수를 건넨다

*안용복 장군

노을 밖 하얀 홀씨

"하나둘삼네오여섯칠팔아홉공구팔칠육오넷삼둘하나
 연평도 연평도 여기는 볼음도 응답하라
 귀국 편안들 하신가"

무선은 침묵했다

저녁상 차리는 아내와 아이가 떠오르지 않던가
마지막 호흡 총구 앞에 막아서기가 그리 쉽던가
온 생명 하나 가벼워 꽃잎이 땅에 진다

주저했을 거야 떨었을 거야 눈 감았을 거야

살다가, 해질녘 지나다가
구름 찬바람에 흩어지고 유빙 소용돌 때
해무 헤치고 나온 석양 아리도록 매워
눈 감을 밖에, 그대 슬퍼마라

해가 가고 달이 가고 이름마저 바래도
붉은 명찰에 수놓은 금빛 언약은 빛났다*

〈
먼지 되어 날려도 명예는 지켰다
마지막 숨결 조국에 바쳤다
목숨으로 부하를 아꼈다

임진강 염화강 흘러 서쪽 바다

해병소령 故 김영민
해병상사 故 박순일

현충원 푸른 제단
하얀 홀씨 남몰래 피어오른다

한 생명을 위해 맨 먼저 나섬에
주저 않길 노을에 빈다

*대전 현충원 김영민 비문

어둠의 빛깔

홀로 남은 섬을 뒤에 두고
검정 덧칠한 수정바다를 돌아가는 전마선
한줄 힘겨운 포말 어둠발이 지운다
일곱 물때 부풀어 오른 합포만 물살
방파제 너머 고개를 든다
수런대는 마산항 불빛을 밟고
낯가린 무학산 엎드려 얼굴을 감춘다

파도 위를 밝혔던 별쥐치
땅거미 진 하늘을 벗어나
뺨에 낙인 놓은 별을 찾아서
붉은 별바다를 훑어가고 있을까
심해에 주검을 묻고 싶었던
납작해진 쥐치

눈 감으면 천장에 점하나
사라지지 않고 맴돈다
멈췄다가 물빛 속을 떠다닌다
두개골 빠져나온 점이 육신에게 묻는다

〈
말 붙이려 밀려오고 밀려가는
발 담글 수 없는 저 칠흑
물색 빼면 하얀 바탕색이 드러날까

낮은 지붕

뿌리치는 구름 붉은 옻나무에 잡혔다
바람이 무거워진 탓일까
도심 빌딩 뒤태가 날카롭다

수정동 산복도로 모퉁이
고샅길 궁둥이뼈에 깔린
노란 물탱크를 이고 선 지붕
위가 없는 끝이라 여기지만
지붕은 더 하강할 수 없는 바닥일까
구름과 땅이 마주보는 사이에
뛰어내리고 싶은 욕망 한 줄 걸치고
허리 굽은 비탈에 섰다

가까이 보는 하늘은
가볍든가, 견딜 수없이 무겁든가
오늘은 또 지루하든가, 재미있든가
눈치 볼 만큼 배불러 봤는가

언덕에 등 대고 깍지를 낀다

〈
옥상 위에 서고 싶지만
골목냄새쯤 맡아야 버틸 수 있지 않느냐고
딱 그대로 누워 발 뻗어도 모자랄게 없다

뭐 어쩌겠는가

고등어

'함 골라봐'

물살 헤치고 가는 파닥임 중에
등 굽지 않은 것이 있더냐
종아리 넉넉한 연안에서 허공을 보면
누구라도 드러눕고 싶지
짊어진 멍울을 벗어던지고 싶지

어제 쫓은 멸치도 오늘 쫓긴
등판이 거문오름만 한 혹등고래도
등은 멍들고 지느러미는 닳았다

모재비 콩알 같아도 있을 건 다 있다
멸치도 쓸개는 있다
그동안 입안이 씁쓸했구나

먹고 자고 쉬면서 간다
같이 또는 따로 한껏
파도를 타고 헤엄 친다

〈
나는 영웅이 아니다
제사상도 못 오르는 잡살뱅이 물고기

물바닥 딛고 선 공동어시장
무심한 파도소리
꿈을 꾸는 소금 한 톨에 취한다

마른 멸치

차가운 파도에 휩쓸려 물마루를 타도
아랫목만 지킬 수 있다면
너무 한다 소리 들어도
내 일신 따스할 줄 알았다

공중에서 덮쳐오는 송곳 부리
사방으로 조여 오는 이빨
가장자리로 밀려난 건 네가 모자라서야
누굴 탓해

내 손에 달렸다는 말
너무 자주 들었어
얇고 따뜻한 연안
번뜩이며 몰려다닐 때 벌써 버려졌던 거야

정치망 그물코에는 가운데 바깥 구분이 없더군
차라리 외톨이가 나았어
피할 틈도 없이 갇혀버렸어

〉
숨 멎어 말라가면서도
입 벌려 절규하는 까닭은
다음 생은
홀로 조류에 맞서다가
한입 포식자에게 삼켜져도 좋으니
얼굴이나 팔리지 않았으면 좋겠다

겨울 해운대

돌멩이 하나 던지면
모래 잠긴 발목에
물결은 울렁이며 스민다
갈라놓은 부표를 넘어온 바람
어지러운 발자국을 덮는다

수심 깊이 당겨가는 이안류
젖은 혀를 내민다
허브 한 잎 바다에 누웠다
삿대 꽂아 깊숙한 갯내를 맡는다

발길 잡는 모랫길 삼만 보
낮달 송곳니에 걸려 소금기 뺀 구름
항해를 막고 선 등대에 기댄다
고개 들고 바라 본 누운 노을
한 획 그은 수평선을 밟으며
마주보고 앉았다

낮게 물러가는 노을 백사장

〈
허물어지는 손잡고 찍은 발자국에
차마 눈길을 떼지 못하고
길게 선 그림자 껴안고 출렁인다

그리하여 송정역

꽃눈 내린다
바람에 제 몸을 흩는다
발등에 햇살 얹은 폐선로 해변 역
등 굽은 플랫폼 의자
붉은 고무 소쿠리 실어 올리는
간물 든 똬리들
기적 서둘러 울었던 늘어지는 시간표가
물결에 밀려오는 봄향을 듣고 있다

보내 놓고는 발을 굴려야하는
과녁 빗나간 화살
그러고도 오래 동안 주저앉아
물거품 이는 파도를 본다
만남이 헤어짐이 자갈을 밟고 모래 디딘 자국
모두 지웠다는 듯이 그리하여
차마,
아무것도 잊을 게 없다는 듯이

시천 矢川*

왜적 조총보다 한양에서 온 사약賜藥에
더 많은 혈흔을 새겼던
발자국 소리 드문 덕천서원 대문 앞
은빛 윤슬 펼쳐놓곤 여울 한 줄
쏜살같이 날아간다

푸른 천둥 천왕봉 북 두드린다
맑은 산기슭 감아 돌아
속 깊이 앉은 자갈바닥 녹진 적시고
풀어진 입술 얕은 숨 속으로 물살이 흐른다

지폐 따위에 얼굴 올리지 않아도 좋다
묘비명 지워진들 또 어떠리
강변 갈대, 둑 위 억새로 몸 가리고
쑥덕대는 새떼 좌우 들어볼 틈 없다

날 가고 달 져도 불붙은 산천 적실 수 있다면
단 한번, 온몸 쏟아져도 돌아보지 않으련다

*산청군 시천면

가파도 보리밭

바람이 종일 길을 흔든다 날이 어둑해진다
조여 매고 뛰어온 신발에 노란 얼룩이 진다
바람이 길가에서 잠시 숨 고른다

잡으려, 따라잡히지 않으려 미로 속을 더듬는다
어디 가는지도 모르면서 쉴 틈 없다
멀리 집어등은 바다에서 불 밝히고
한 바퀴 술래잡기를 마치고 돌아가야 할 저물녘

흙 묻은 손으로 돌을 골라 밭을 만들고
논을 일구던 모란보다 안타까운
청보리 흔들리던 대낮은 지났다고
가파도 노을이 빨갛게 뜸 들인다

들킬까 봐 숨겨놓은 짐
떼놓은 동행을 찾는다

'모두 어디로 갔지'

제 3 부

시소타기

혼자 시소를 탄다
바닥에 내려앉아 내 차지라 말할 건가
나눠 앉을수록 무게를 덜 수 있다
몸을 공중에 띄울 수도 있다

키 재고 저울 위에 서면
차례를 가르고 칸을 지른다
여기저기 살피고 계산이 붙으면
길을 잃게 된다

물길에 좌우가 어디 있던가
그저 낮은 데로 따라갈 뿐

겨울가지에 구름 꽃이 하얗게 핀다
어깨 구부리고 앉은 흔적 검은 바위에
얼음 꽃 눈망울이 맺힌다

자꾸 구름 띄우지 마라, 창공아
눈길 쫓다가 몸 기울어 길 잃을라

앵무새 키우기

아무리 가벼운 말도
버리면 돌이 되지
글은 벌써 돌이 된 말

맞춤 새장과 둥지를 준비 한다
'애매하다고요'
커서 나쁠 거야 없지만
크기가 문제지

중간보다 약간 높은 곳에 횃대를 건다
'기회주의자라고요'
중간은 손해 보는 것 같더라고

'꼭대기보다 더 비겁하다고요'
그럴지도 모르지 원래 앵무새잖아
그래서 속삭임이 담을 넘는 앵무를 키울거야

'이런 건 왜 키우느냐고요'

〉
벽을, 창문을, 허공을 바라본다
말은 혼자 두면 돌이 되니까

단맛 쓴맛 치장하지 않는 말을 들을거야
'시끄러워 닥쳐'
'택배요'

이백일동 육백팔호에는
서로 생략된 말을 베껴 적는다
'택배요'
'시끄러워 닥쳐'

버려진 시계

빠르지도 느리지도 않은 변주곡
지휘봉 따라 연주를 마치는 게 도박이지
다시 태어나면 끝나지 않는 끝
리듬에 몸 맡기지 않겠어

아니지 처음부터 빠져야 했어
차마 알고는 하지 못할 연극이지
어긋나지 않고 끊임없다는 게
참 무서운 굴레지

막무가내 찔러대는 바늘
누구도 고집을 막을 수는 없지
하지만 이 악물고 도망가는 것조차
모두 제자리걸음
보고 듣는 건 말할 것도 없지

감겼던 태엽이 풀어지고
설계된 대로 사용연한이 지나서야
비로소 정물로 살아지네

〉
이제야 일렁이는 물결로 눈길을 옮기네
이 잔돌마당 파도소리는 어떤 가요
몰라요 저도 처음 줄 서 봐서

누드김밥

점심때까지 앞 사람 뒷꼭지만 보고 쫓았다
발 붙일 한 점 내어주지 않는 거리 차가운 바람 분다
가로에 선 은행나무 가는 손을 든다

그래도 밥이지
한 끼 때우려 잔멸치 붙은
하얀 나신 드러낸
누드 멸치김밥 한 줄 집었다

'그래 먹을 테면 먹어봐'
은빛 자멸 제 몸통보다 더 큰 눈을 뜨고
야윈 키를 흰 밥알 앞에 세운다
한 꺼풀 검은 물옷 벗겼을 뿐인데
서로 전할 속내가 참 많구나

흠찟 놀라 눈길 맞추니
그를 씹어 삼킬 이유를 찾을 수 없다
그냥 부끄러워 눈만 끔적거렸다

〈
서로 다른 어머니 말을 하고 눈빛만 스쳤지만
그는 흑백에 선 입장을 눈 부릅뜨고 이해해 주네

'얼척 없지요 누드 김밥'

이태원에서 금발과 흑발 청춘이 내놓고
서로 다른 모국어로 벌거벗고 엉겨 붙는 포옹이랄까
하지만 훈훈 할거야 든든하고 등은 따뜻 할거야
검은 뒤통수 노려보며 속내 계산하는 언어보다는

누드와 김밥이 붙어서 멸치 눈을 뜬다

밥버러지

허기진 바람이 분다
빈속에 잠 못 들고 입안에 단내가 까칠할 때
'식사는 하였습니까 안했으면 같이'
'그러면 차라도 한 잔'
참 와 닿는다
'안녕하십니까' '반갑습니다' 좀 먼 것 같지 않는가
우리가 그림자를 밟고 일어서듯
하루는 밥을 딛고 넘어간다
먹고 마시는 게 제일이지

밥아저씨는 편의점에서 아침을 먹는다
반찬도 일회용이다
참 쉽지요, 밥이 본 모습을 찾아간다
돌도끼로 사냥하러 들판을 다닐 때
개울가 바위틈에서 가재나 미꾸라지를 움켜쥐고
혀에 돌 하나 얹어두듯 한 끼 때울 때 같이

'그러고도 목구멍으로 밥이 넘어가냐'
여태껏 밥보다 무서운 것은 보지 못했다

〈
차려주는 상 보다 멋진 대접은 없었다
핀잔은 배불리지 않는다 삼식이 소리를 들어도
굶지는 말자

옹졸봉졸 둘러앉은 두레밥상, 닳은 된장뚝배기 김치보시기 한 양푼이 보리밥을 먹을 때 눈물 나게 꾸중 들어 콧구멍인지 입인지 모르게 숟가락을 놀려도 남긴 적은 없다
이 땅에 밥만 축내는 벌레 아닌 누구 있으면
숟가락 들어 보라 그래
불을 끄고 눕는다 달빛을 밟고 벌레소리가
들창을 넘어온다

'밥버러지만도 못한 위인아'

진부함의 제거

'표범이 말을 낳고, 말이 또 사람을 낳는'*
시는 매인 바 없는 생각이라 했는데

나는 눈길 닿은 하늘 끝 작은따옴표 사이에
구분되지 않는 쉼표 또는 마침표
쏘물게 붙은 점만 눈 비비고 쳐다본다
실낱 물줄기 협곡을 파고들어 강바닥을 헤적인다
배는 거친 물살 위로 노 저어 가지만
골짜기를 빠져나오지 못하고 그림자만 기슭에 닿는다

바삐 움직여도 여왕개미 병정개미
눈 닫고 귀 막고 뜀박질하는 일개미
누가 바쁠까 한 가지만 하다가 손 비비며
하늘 볼 텐데
가려운 데는 언제나 손이 닿지 않는다
시가 날린 홀씨 굳은 등허리에 뿌리내렸다
다시 새 촉 올라오기나 할까

비는 재촉하고 걸음은 무겁다

〈
앞서가는 발자국은 돌아보지 않는데
언제쯤 수련 수런대는 모네의 연못 아래
금빛 잉어가 등불 밝히고 헤엄칠까?

물구나무 선 물음표, 글쎄 능소화

*청장관 이덕무, 적언찬(適言讚)

산중호수

야윈 초사흘 달 가까이 보려고
산정에 오른다
호수가 낮 밤을 베껴 쓰듯 옛글을 옮긴다

지음 몇몇이, 세상에서 가장 듣기 좋은 소리를
차례로 말하는데

눈 내리는 강변 정자 난간에 기대어
데운 술잔을 돌리며 읊조리는 맑은 시

창끝 바람 속에 쌓인 눈
말발굽으로 날리면서 화살을 쏘고
호숫가 멧돼지를 굽는 모닥불 곁에서
긴 휘파람소리

뭐니 해도, 달빛가린 안방 아랫목에 누워 보는
침 마른 촛불에 비친 여인의 옷 벗는 소리

한여름 밤, 땀 식히는 안태호* 머리맡

〈
조릿대 잎사귀아래
선잠 들은 제비나비 잠 깨우는 굵은 소나기
농막 봉창에 밤새 목어를 친다

가파른 길 오르는 눅눅한 밤이
기를 쓰고 꾸는 꿈
이제 겨우 호수에 발 담그려는데 에잇,
출전이야 알아서 찾으쇼

*경남 밀양시 삼랑진

화살나무 단풍

깃털 한 올
몸밖에는 던질 것이 없다는 듯
닳은 외투 솔기를 빠져나와
늘 떠나지 못하는 소매를 남겨두고
바람 어깨를 짚고 날아간다
깜깜나라에서도 깃대 꺾지 않고
한 점 햇살 뚫어낸다
막힌 어둠 속 티끌과 어울리지 않고
홀로 군살 붙이지 않았구나
빈 몸으로 꽃방석 펼친 화살나무
단풍 한 잎 떨궈 수를 놓는다
붉은 가지 이른 눈이 쌓인다
손 흔들지 않고 바람은 떠나지만
나무는 뜰 가운데에서 고요히 흔들린다
수많은 그늘 숨어있어도
볕살은 온기를 잃지 않는다

'여보게 붉은 잎이 떨어지네
 잠시, 초여름 이슬 말린 연잎차 한 잔 하세'

종이컵

향 짙은 커피를 머금고
느린 듯 바삐 움직인다
나는 잠시 작은 해갈을 더하고
숲으로 돌아간다
바다 솟아 산 되는 순간
다시 나무로 돌아오리

흔들리는 걸음 가쁜 숨길
허둥대는 보도를 걷는 움켜쥔 손이여

네 칠할 물이 되어 더 낮은 곳으로 가고
가벼운 생각하나 삵으로 제하고
남은 것 나룻배에 실어
도솔천을 건너가겠지

이 다음
어느 강 나루터에 다시 서면
한잔 들고 얽힌 뿌리 길게 풀어보세
어찌 알겠는가

나날

그렇다면 신문을 읽으세요
날짜 빼고는 다 거짓말인 이야기
알아야 할 소식은 '그날의 운세'뿐이에요
공연히 우산을 준비하지 마세요
기억해야만 하는 약속처럼 깜박 지나고 말아요

틈이 없는 지면은 속이 찬 배추 같아요
아니에요 앞 뒤 막힌 목탁이에요
소금에 절여 숨죽인 목소리로 웅얼거려요
오늘은 눈감고 잘 수 있을게요
창밖에는 여전히 타인이 서성이네요

나눠지지 않는 이쪽과 저쪽의 간격만큼
꽉 찬 화단을 베고 고양이가 자고 있네요
고양이를 읽으세요 고양이의 의도를 알 수 있어요
눈을 감고 잠을 자네요 아니 감은 척 하네요

뜸한 바람이 불고 있어요
흔들리는 안과 고요한 밖이 서로 읽고 있네요

창문을 헤아리면 벽의 음모를 해석할 수 있어요
신문은 창 너머로 타인을 읽고 있어요
머물러 있는 오늘이 기억 바깥으로 걸어가네요

섬에게

더 이상 허리 굽혀
부서지는 깃털 줍지 마라
노을은 서녘 하늘을 딛고 있다

젖은 바다 빗방울 무릎 꿇고 걷는다
손 짚고 일어서 보지만
물결 그물은 끝이 없다
낡은 목선이 흔들린다
제자리 돌다 감겨버린 목줄
쉬지 않는 바람이 흔들다 만
폐선이 숨을 쉰다

아침에 눈뜨지 못할까봐
눈을 감지 않고 잠드는
굽은 손가락 뻐근한 어깨
할 수 있는 몸부림은 다 했잖아
바보야 그만 쉬렴

밀려오는 파도에 맞서는

〈
닳은 앞치마가 깃털이다
물결은 낯선 바람이 주는 날갯짓
바람과 파도를 마주보고
토해내는 울음이 비상이다
네가 날아야 한다
아지랑이 외로운 바다 위로
솟구치는 종다리 울음이 하얗다

풀뿌리

무지개 월계관을 머리에 이고
젖은 허리를 들어 허공 향해 기지개 켜는
잔디는 멀리서 온 손

하늘을 이고 뿌리를 깊이 내리기 위한 몸짓
바람에 허리가 꺾이고 벼락이 떨어져도
바닥은 솟아날 방법을 지니고 있다

바람도 비도 별빛도
지상을 밟으려 든다
빠져나갈 구멍은 야문 땅에 있다

단칸 자리하나 깔려고
한 금 터 디디려
아스팔트 틈에도 발가락이 닳도록 애쓴다

뿌리 뻗는 기울기는 기억일까
깍지 끼고 푸른 내음 위에 눕는다
구름은 너무 멀리 있다

〈
오후에는 풀이 뒷동산에 누워 뒹굴었다
여름은 가릴 데 없이 맨살을 드러내어 거짓이다
잔디는 손수건으로 얼굴을 가린다

날이 차고 땅이 얼면 배고픈 짐승들은
캉캉 풀뿌리를 뒤집고 나무껍질을 벗긴다

동행에 대한 틀린 생각

공책에서 털어낸 지우개 똥이 바닥에 지문으로 앉았다
쥐약 미끼 먹은 '도꾸' 핏발 선 눈 거친 울음
늘어진 가지 땅바닥까지 닿은 우물가
사철나무 그늘에 숨었다
갓난 새끼 젖꼭지 밖으로 밀어내는 와중에도
어린 주인 반갑다고 힘없이 꼬리를 흔들었다
역 앞 새 동네엔 밤새 기적도 꼬리를 흔들었다
오전반 수업를 마치고 달려온 아이
막노동하는 김씨가 묻어주기로 했다면서
지고 간 다음날부터
바닥을 기고 꼬리 흔드는 일은 다 미친 짓
눈길을 피해 한 발 비켜가기로 했다
늙은 느릅나무에 기대어 잠시 미간 주름 펴는
꿈을 꾼다
눈길 마주치고 손끝 맞닿는 독한 순간
눈물은 더 없이 높고 넓은 긍정
눈으로 보는 것이 상상보다 더 저리다
구름은 온밤 그려놓은 흔적을 소리 없이 닦아 낸다
바다를 굽어보는 모래 구릉에 뾰족한 풀잎 하나

흔들리며 돋았다 하자
밤부터 은하수 별무리 이불 덮었고 달은
하룻밤 내 다독였다
일찍 햇살이 찾아오고 바다는 모래바람 불어
흔들어 깨운다
'죽고 못 살 만큼, 죽지 못해 살만큼,
내 생각 틀렸어요'
미소가 가장 큰 외침, 생각이 제일 큰 흔들림
'행복은, 성공은' 생각으로 빚은 관념어
동행에게 빼기로 했다

정박碇泊

몸 작은 제비는 몰아치는 폭풍을 뚫고
삼만리 강남 길 돌아
제 이름 외치며 고향집 찾아오고

북극에서 남극으로 파도 구만리
혹등고래는 절반으로 몸 줄어도
자맥질하던 앞바다로 지느러미 파닥인다

깨어나도 물 한 방울 주지 않고
눈뜨자 짠 물로 떼어 보낸 모래구덩이
수십 년이 지나도 바다거북이는
그 모래밭에 돌아온다

"그런데 말이야 다시 태어나도
 또 그럴 것 같아 우습지"

날 개면 한바다 떠나는
잠시 정박한 배처럼

천은사

지리산 키에 겁먹고 걸음 멈춘 노고단
발등 쯤 절집 여남은 칸
흙논에 물 대는 저수지 위 흔들리는 그림자
근근이 붙들고 서 있을 뿐인데

십일월 열여드레 간밤에 이른 첫눈
산 그리매 앉은 단풍에 뭉클 얹힌다
석등에 지붕에 눈부신 보시
철철 넘치다 못해 암키와 그늘
고드름 되어 절문 밖으로 빠져 나간다

진창에 뿌리내리고 빈 골에 손 뻗은
샘 깊이 숨은 키 큰 솔
그마저 귀찮다는 듯 털어버린다, 설해목
반야봉에 해 오른다
수홍루는 몸 접어 개울에 머리 감고
일렁이는 물빛 앞에서 두 손 모은다
자정에는 달이 밝아 눈밭에 그림자도 없겠다

월식

시침 떼는 보름
허기 참는 초승
모두 꾸밈없이 거짓

이지러졌다 메우는
다시 가라면 그 길
갈 수 없을 것이네

먼 별에서 불어온 뜨거운 입김인가
둥글게 감아 도는 불꽃
까만 심장 감싸 안는다

겁나게 타오를 때는
별들도 저렇게
스위치를 끄지 않느냐

부풀어 오른 몸뚱어리야
어찌 하겠냐만
얽은 얼굴 손바닥에 묻고 싶어라

제 4 부

나의 사랑은

나들이옷을 골라 보라는데
'어떤 게 어울릴까'
화장하고 머리 다듬고는
'나 예뻐' 묻지 않아도 될 말 물어오는데
눈길에 잡힌 나는 웃기만 하고

'여기 꽃이 피네, 저기 단풍 지네'
이 땅 입맞춤을 잠시 나눠 쓰고 가는
바람에 불과할지라도
가슴속 화원에 그대 좋아할 화분 하나
넘치도록 물을 대는 일
꽃잎 피는 이유야 헤아릴 수 없이 많겠지만
따로 덧붙일 게 없는 새벽비가 내려

달빛 깨어지고 우리도 옅어지고
바라보는 높이는 달라도
발밑이 밝아야 된다는 것을 알지
나와 고운 그대 함께할 수 있다면
영영 거울을 보지 않아도 좋다

바다로 가라

잔바람 기미만 보여도 금남로로 달려가고
부슬비만 젖어도 서문시장 뛰어간다
갈라 세우고 몰아치니 좋으냐 배가 부르더냐
이 혀 빠질 주둥이들아
그리고 줄 세워 몽땅 떨이하여 형편 나아 졌을까

임진년 어림에 왜로 보낸 사신이 당파로 나뉘어
십만 양병이니 징비니 혀 싸움만 하다가
정유, 정묘, 병자년,
곶감, 땡감은 강화도로 남한산성으로 다 도망치고
생떼같은 어린 민들레 목숨 끊어 명줄 잇고는
이기 일원, 이기 이원 먹물 흐르는 골짜기로 배를 몬다

무서운 세리 가혹한 고리채 나라가 빌 지경인데
늘 그랬듯이 찢어진 눈은 선언하고 선포만하고
태백산맥이 불쏘시개가 돼도
자갈치에 태풍 몰아쳐도
코빼기 안 비추고는 나귀 타고 나들이다

〉
알잖아
오늘만 갖고 노는 주둥이들
돌아서지 않는다는 걸
앞을 봐도 달라질 게 없는 길 위에서
어리석게도 낡은 다리에 남겨진 서툰 발자국에
매이지 말자
갑갑하거든 바다로 떠나가라
한 눈에 걸릴 것 없는 수평선 너머로 가라
차라리 한 천년 떠돌다가 천년을 떠돌다가
낯익은 봄들아 추위에 아린 싹들아

물의 변증법

물을 찍어 바닥에 노래를 쓴다
애쓰지 않아도 여백으로 남을 텐데
저울에 속고 물건에 속은
아버지도 아버지의 아버지도
아들의 아들도 변두리에서 첨벙댄다

변방에 붙어 한번도 허리 편적 없는 한반도
없으면 좋았을 짐을 어깨에 메고 있다
붙거나 밀어내는 종이 밑 지남철
갖고 놀자는 듯 쇳가루를 흔든다

맹물이 울리는 변죽에 그만 지쳤다
마른자리만 골라 앉았던 그
젖은 바다 피해 연명했던 그를 끄집어내어
씨불대는 물건들 땜에
서대문 감옥에서 학 마른 도산
차가운 들판 아래에 몸 누인 백야, 백산이
'허어' 한다
이런 것도 노래가 되는지 입김을 불어도

〈
당최 모르겠다

팔월도 중순이 지나 바닥에 세찬 비가 내린다
옹벽을 밟은 까마귀 온몸 젖은 채 깡깡
절벽을 못 박는다
뜨거운 감자 식혀 먹는다
어떤 탁류에도 기대하지 않기로 했다

풀씨 이야기

 '야 야 할아버지 산소 그늘 졌더라 손 좀 봐야겠던데' 진동고개 넘어오던 고종 형님 신국산[1] 산소 보고 전화 했다 급한 산세에 남향 솔숲과 언제까지 날 세울 수 없어 이참에 납골당으로 모셨다 가파른 성묫길 벌초걱정 안 해서 좋기는 하다만

 아버지 가시면서 한 당부와 건네준 할아버지 비문[2]이 자꾸 귀를 건드린다

 갑오경장 해에 나신 할아버지[3] 삼일운동 때 독립선언서를 손수 철필로 등사해 수천 명에게 배포하고 함안장터 만세운동[4]에 앞장 섰으나 곧 바로 왜경을 피해 강원도 산속부터 만주까지 십여 년 오로지 도피와 망명이었다

 환국 후에도 고향땅 제대로 밟지 못한 풍찬노숙을 생각하면 묘비 건립 해드려야지 하면서도 기운 가세에 어릴 적부터 집안 일 도맡다가 육이오 동란 그해 칠월에 입대하여 격전을 치르고 무공훈장[5]을 수훈한 아버지[6] 모습이 또 걸린다

젖은 소매 걷고 주머니 속에서 손가락 헤아려보지만 석물 두 개 세우는 게 계산이 서질 않고 또 말간 산천에 주름 한 고랑 보태는 것 같아 뭉긋거린다 본디 윗대의 행적이란 입으로 옮기다가 달빛 물들고 바람 스미어 전설로 흩어지는 게 거개인데, 그때 먼 동토에서 받은 '별일 없이 잘 지낸다'는 말 돌아갈 일 없다는 인편에게 혹시 가게 되면 꼭 전해달라는 그말 같다

 '그 참 쯧쯧' 하시겠지만 가슴에 앉은 이여
 발굽에 치이고 서리 눌려도 풀씨 하나는 꼭 남기듯이
 저도 이 판에 씨앗 한 알만 틔워 놓겠습니다

 꾸중은 나중에 만나서 듣기로 할게요
 납골당, 대나무로 병풍치고 백일홍 낙엽으로 탕국 끓여
 재배합니다

1) 함안군 여항면 소재 산 2) 여암 이태길 쏨 3) 백산 안재성
4) '이것은 본도에서 악성의 소요로서 그 정도도 전체로 보아 가장 심하였다' 함안군 독립운동에 대한 일본군이 남긴 기록
5) 무성 화랑무공훈장
6) 연암 안종호

담 안

왈칵 대문 열린
한 칸 초가였음 좋겠다
뒤뜰엔 통 큰 대나무로 울 두르고
앞마당은 사철나무 그늘을 만든
뿌리 없는 바람이라도 한 줄기 불어오면
잠시 머물렀다가는

발자국 남기지 않는 개울
여울목에서 자갈길을 밟는다
귓결에 손 얹고는 돌다리 밑을 돌다가
돌아보지 않고 사라진다

푸른 잎 흰 눈 덮이면
발목 잡고 손 묶어보지만
눈길은 벌써 대밭에 간다
눈썹 사이 흐린 눈 솟구쳐 올라
허공 가득 메운다

언제쯤

〈
발자국 남기지 않고 걸을 수 있을까
바닥에 치어 비틀거리지 않을까
귀 막고 눈 가려 어두워진다 해도
다만, 볕이 만든 그림자에 갇히지 않는다

돌담 풍경

크게 들일 게 없지요
이 집 셋째 딸 건너 동네 그놈과 눈 맞아
담 넘어 야반도주할 때
막걸리 두어 되로 손본 것 빼고는

벽화라고 그릴 것도 없어요
볕살 아래 스며든 음영이
베짱이 노래마냥 마구잡이라 그래요

모자란 것들 그저 그런 주변으로 쌓은 것이에요
호박돌이 좋기야 하지만 주먹돌 망치돌
잡히는 대로 써요
뾰족 돌 모난 돌 좁은 돌 턱없이 넓은 돌
어긋나면 어긋나기로 고여요
막돌 썩돌도 속 채우는데 다 써요

그냥 치대지 않고 오래가는 울타리로 여겨요
밀어붙여 놓고 뜨겁게 안아 볼 생각은 아예 마세요
등이 배겨 생겼던 마음도 허물어져요

〈
그 놈팡이처럼, 꽃물 든 손톱 씹는 처자
헐렁한 돌담 배암 구멍으로 눈망울 맞추고
살살 구슬려요

오다가다 발에 걸리는 돌멩이
그냥 얹어 놓으세요
말 못 하고 가슴 누르던 돌덩이를요
허무는 일, 쌓는 일, 보지도 못하고 주고받은
안타까운 밀어를요

달빛은 꼬리 흔드는 까치살모사
돌 틈 깊은 곳에서 혀를 날름댄다

늙은 감나무가 굽어보는 돌담
옅은 안개등이 걸터앉아 있네요
짙고 옅은 수묵화로 그렇게

꽃양산

어머니와 둘이서 한 달만
여행을 떠나고 싶었는데

아침 일찍 은하수개천
아라 홍련 손톱에
봉숭아 물 들인대요
해거름부터 이수정* 불꽃놀이
별이 내려와 해차 하고요

어머니
소피 마려우면 검암 여울
물 더하고
목마르면 쉬어가요
깨끼적삼 자주치마 받쳐 입고
꽃 양산 쓰고 놀이 가요

벚나무 그늘에서
쏟아지는 꽃을 맞는다

곁에 길고양이 한 마리
시선도 돌리지 않고
온몸에 묻은 꽃잎만 털어낸다

'너도 그러냐'

* 함안군 함안면 무진정의 이명

동행

종일 무논 갈은 배냇소
빈 어깨로 걸리고
농부는 쟁기를 지고
저녁연기 피어나는 집으로 간다
앞서지도 뒤처지지도 않는
피리와 퉁소
서로 발자국을 주고받듯
워낭소리 울려 퍼진다
칠흑 밤에도 별은 빛난다
눈길 맞춘 눈망울 마주 본다

별리 別離

깊은 밤에 전화가 울려도 떨지 않게 되었다
이마에 식은 땀 솟지 않고
휴대폰을 들 수 있다

기를 쓰고 따라가는 서툰 다듬이질에서
미소를 보았다
모자라고 덤벙대 끝을 보지 못해도
어깨를 토닥인다
이 나이 되도록 서툴지만
안팎으로 내미는 따뜻한 손길
그대에게 배웠다

이 땅 위에서는 그 눈빛 다시 볼 수 없다
가벼워진 그녀를 허공으로 띄워 보낸다
그 구름 뭉클하다
바람이 불어도 왜 헤어져야하는지
이유를 모르겠다

모르는 게 많아서 난 괜찮다

아픈 이름은 곁에 있다

다음 생은 무엇으로 살고 싶은가
'많이 갖고 태어났으면'
'무엇으로도 나고 싶지 않다'
'지금 이대로 다시 한번'
무엇 때문인지 흐뭇해졌다

키 큰 숲 그늘
계곡을 타고 내린 햇살안개
바위이끼에 내려앉는다
덜 젖고 덜 마르기를 바라는 개울은
앞물 뒷물을 실어가지만
지친 물소리는 끊이지 않는다

이른 밤 팔을 괴고
모로 누운 곁을 보면
여리고 무른 꽃떨기에게
땡볕은 은혜일까
비바람은 동무일까

자주 잃어버리는 열쇠
멀리 가는 이름은 아픈 꼬리표
마당에 모깃불 평상 위 쥘부채
두런거리는 여름밤이 짧다

속을 보였네

'십 년이 넘었네, 그 사람 간지'
돌아오는 차안에서 친구가 꺼낸 말
덧붙일 말을 찾지 못해 '벌써' 하고는
차 소리에 뒷말을 맡겼다

빛난 순간 타올랐을 꽃
바람에 밀려 길가에 퇴색되었다
기억의 무게를 알고 있기에
살펴보면 아래를 보고 핀 꽃도 많다
꽃이 우는 소리를 볼 수 있을까
느티나무 이파리 벌레 먹은 맥박이 짚어질까

눈물그림자가 웃음이라는데 동의합니까
참 잘 사셨군요
웃음을 곧이곧대로 보았기에
여태 요 모양입니다만
꽃향기 깊이 숨 쉴 수 있고
햇살 눈썹위에 놀다가는 걸 보니
혀 밑에 숨겨놓은 말 아직

〈
남겨둔 이유가 있지 않을까

물결그늘 초승달 등뼈가 날카롭다
짙게 물든 통증 무엇으로 더듬어 볼 수 있을까
가만히 손 내밀어 짚어볼 밖에
어둠은 은빛 칼날에 베여있다

사진 속에서

답장은 기다리지 않는다

그늘 업은 담장은 젖은 이끼를 걸치고 주저앉아 있다
허기진 배 쓰다듬는 아침마당 지나
대청에 걸터앉은 옛집
문지방 높이 흑백 눈빛이 지켜본다

징용 가던 그해, 쌈짓돈과 함께 보낸
끝내 돌아오지 못한 큰아버지
쌀 한말 못 먹고 돼지 반 마리 잡아
시집간 작은고모 결혼사진
그물망 철모 쓰고 '금화지구전투에서' 펜글씨 쓴
푸른 옷 아버지
할아버지 회갑기념 액자 아래에 꽂혀
굽은 허리로 내려다본다

고개 돌려 눈 비비니
마른 산천 햇볕에 탄 내 얼굴이 있다
걱정 마시라며

배곯지 않고 잘 있으니
아무 걱정하지 마시고, 꼭 다시
담장 위로 접시꽃 붉게 웃을 거라며

부탁

목마르다
등 가렵다
기저귀 젖었다
일으키란 말도 힘들다

옹알이도 줄어든다
눈 감고 있다
모든 게 지워졌다

지킬 수가 없다
헌 신발 버리듯이

'이젠 안되겠어요, 그 부탁
 아버지, 엄마 데려가셔야겠어요'

그늘 한 뼘 없는 사막 비상구 없는 무대
마른 모래가 부르는 입술 부르튼 판소리

마두금이 운다

야윈 몸 쥐어짜 남은 피와 젖 마저
메마른 입술 적셔달라고
가는 바람으로도 붙은 액운 보듬어 가 달라고

내 낳은 날에도 절구 찧어
저녁밥 지은 우리 어머니
목마르다

나뭇잎에 쓴 편지

찬거리를 들고 땅거미가 내려온다*
바쁘게 횡단보도를 건넌다

종일 눈앞에서 뒹굴다 느지막이
밤 마실 챙기는 해에게
이른 저녁을 차려준다
저물녘 어스름에게 가로등 푸른 불빛
한 숟가락 퍼준다

희미한 발자국 감싸 안은 낙엽
노란 엽서가 바람에 구른다
주소를 잊고 거리를 떠돌다가
돌담 가장자리에 쌓이는 이파리

허공 가득 채웠던 얼굴은
다 어디로 숨었을까
그림자 길게 늘어선 가로등
색 바랜 흔적 눈 비비고 찾아볼 밖에

'아무렴, 눈길 홅지 않고서야
이 가을 어떻게 보내겠어'

* 유병근

그가 오고 있다

그 보다 빠를 수는 없다
부름보다 앞서고 소리보다 민감하게 홍조로 나타난다
모든 게 헝클어져 정신을 차릴 수가 없다
어김없이 온다 아픈 증상의 예후같이
크게 도져야 할 일의 동티처럼
어쩌지 못하고 참을 수 없는 미끼
모닥불 손바닥이 무화과 잎사귀 그림자에 술렁이고
하늘을 가릴 듯 넘침과 거친 속삭임
맨 처음 가까이에서 시작되어
주변으로 점점 넓어지다가 언제나 처음으로 돌아 온다
제 자랑이 아닌 것처럼 자랑을 하고는
말이 많아진 것도 혼자 되길 두려워하면서도
따로 되기를 바라는 것
어둠은 무섭지만 밤을 안도하는 이유가 된다
무너뜨린 일도 다시 일으켜 세운 일도 그의 몫
아무도 무시할 수 없는 낯익은 그가 오고 있다
누구도 주목하지 않는 암된 그가 오고 있다
언제나 어디에서나 대추 빛 얼굴로
얼음과 숯불같이 어울리지 않는 야누스의 잿빛 표정

〈
만 가지를 지배하는 만에 하나의 얼굴

자랑이 되었다가
자랑이 되었다는 사실조차 부끄럼으로 오고 있다

손잡고 나란히

모르는 척 외면했다만
빚지고는 못 살겠더라

거르지 않고 다가오는 끼니 걱정
늘 배고픈 하루
배급으로 나온 악수 그림
밀가루 한 포대
저녁은 수제비 먹겠네 하다가
내 밥 챙기려 내민 손이
지구 저편에 있다 생각하니
앙가슴이 넉넉해졌다

고기 굽고 피자 자르고
물휴지로 입 닦다가 문득
'앞으로 나란히, 나란히 나란히'
절로 혼잣말 노래가 나온다
배가 좀 찼나보다

만 리 물 건너 내미는 낯모르는 손길

이젠 나도 이자 보태
쌀 한 말 갚아 줘야겠다
나란히 손잡고

해설

방황의 갈등 구조

강 영 환(시인)

"임마누엘 칸트를 아시나요?"
"몰라요. 모른다고 큰 문제 될 건 없어요.
 대부분 사람들이 칸트를 알지 못해도 행복하니까요."
그 사람 책 몇 권 읽었다고 다 알 수는 없지요. 그 책에는 그 사람의 전부가 들어 있지 않으니까요. 그런데 사람들은 몇 권 읽었다고 그 사람을 다 아는 것처럼 나대기 일쑤예요. 그러라고 놔두세요. 세상이 크게 변화될 것은 없으니까요. 괜히 애먼 칸트를 불러 왔군요. 칸트는 지적인 인간이에요. 보통 이상의 지혜로 세상의 이치를 간파한 철학자이니까 오죽 하겠어요. 칸트를 아느냐 모르느냐에 따라서 그 사람의 척도를 가늠할 수 없지 않겠어요. 몰라도 좋아요. 모른다고 형편없는 인간으로 분류할 근거는 없으니까요. 또 안다고 그를 특별한 인간으로 분류되지는 않아요. 칸트를 안다는 것은 단순한 지식 그 이상은 아니에요. 칸트를 몰라도 행복할 수 있어요. 세상은 그런 이치 아닐까요.

그가 칸트를 알고 있는 사람인지 아닌지는 상관이 없다. 위와 같은 질문에 답하는 사람이건 답을 하지 못하는 사람이건 간에 나와의 관계 설정에 크게 영향을 미치지 못한다. 알고 있다고 답을 한들 내가 그 사람을 보는 시각에 변화를 가져올 수 있을까. 그가 내게 어떤 특별한 상대로서 특별한 지위를 가질 수 있을까. 아니다. 마찬가지일 것이다. 선입견으로 그를 본질에서 벗어나게 하고 싶지 않기 때문이다. 칸트에 대한 물음은 세상을 대하거나 바라보는 방식을 드러내기 위함이라는 것이다. 살면서 가끔 본질을 벗어난 생각에 몰두할 때가 있다. 그것은 삶의 길 찾기에서 언제든 일어날 수 있는 모습이다.

2019년 《문학도시》를 통해 등단한 안승천 시인은 세상에 널려있는 사물들이 궁금하다. 그것들에 매우 조심스럽다. 그에게 대상은 현상적인 대상이 아니라 내가 인식하는 방편으로 획정 되어지는 대상이다. 그러기에 그에게는 객관적이기보다는 사물이 주관적으로 읽혀진다. 시인은 마땅히 그래야 한다. 대상이 앞에 놓이면 나와의 관계 설정에 주안점을 두고 사물을 관찰한다. 안승천 시인의 관점이 보통 사람들이 칸트를 바라보는 관점과 유사하다는 것이다. 시인에게는 대상이 지닌 선입견에 추락하지 않는다는 것이다. 그만큼 거리를 두고 객관성을 확보한다는 의미다. 시인이라고 해서 어떤 특별한 혜안이 있어서 달리 바라보이는 것은 아니다. 일반인과 같은 방법으로 대상이나 사물을 바라보고 그것을 이해하는 방식이 일반인들의 그것과 다를 뿐이다. 인풋은 동일하되 아웃풋이 시인의 각색을 통하여 달리 나타난다는 것이다.

어디로 가느냐고? 그야 모르지
길이란 없는 거니까
모래는 제 몸을 말려 판화를 찍곤
바람에 지우니까

그림자를 끌고 홀로 나아가는 게
강하다 말하지 마라
고개 들어 별 보고 어깨 굽혀 무너지는 발자국을
남기는 게 사막을 가는 방식

나직이 우는 모래언덕 뒤로
그늘진 우물가에 낡은 고삐 푸는 꿈을 꾼다

언젠가 풀밭을 밟았지 개울 흐르는 찰진 초원
걸을 수 없더군 평발은 붙잡고 엉덩이는 무겁고
이 사하라가 굴레만은 아니지 싶어
까슬한 바람, 검은 태양 그리고 환한 침묵이

뒤처진 발자국은 잠깐 길로 남았다가 이내 지워진다
모래를 파면 하얀 고래 뼈마디가 묻혀있을 거야

맞물리는 태양 아래 어디로 가는 걸까
방울을 울리면 모래는 흐트러진 자세로 몸을 세운다

바람 비비던 모래구릉 숟가락을 엎어놓고 고개를 든다

달군 햇살 말이 없고 돌아오지 않는 구름만 답을 알까
낙타 빈 사막에 물음표를 남긴다

—「낙타 발자국」 전문

  낙타가 사막을 간다. 사막에는 길이 보이지 않는다. 낙타 앞에서 길이란 존재하지 않는다. 그러기에 어디로 가든 그곳은 길이 된다. 낙타가 지나가면 낙타 발자국이 생겨 길인 듯 여겨지지만 사막은 이내 몸을 말려 길의 흔적을 지워 버린다. 그래서 사막에는 길이 생겨나지 않는다. 길이 없는 곳에서 제 그림자를 끌고 홀로 나아간다는 것은 강하게 보일지는 몰라도 실제 강한 것이 되지 못한다. 고개를 들어 밤하늘에 반짝이는 별을 바라보며 위안을 얻기도 하고 어깨를 굽혀 발자국을 남기는 것이 사막을 가는 방식임을 터득한 것이다. 나직이 우는 모래언덕 뒤에는 그늘진 우물이 있고 우물가에다 메고 온 낡은 고삐를 풀어 놓는 꿈을 꾼다. 그것은 제 걷는 사막을 벗어나고 싶은 꿈일 것이다. 그 꿈은 언제가 가본 적이 있는 개울 흐르는 찰진 초원을 걷는 것이다. 그러나 그때 걸을 수가 없음을 깨닫게 된다. 자신의 발바닥은 사막을 걷게 되어 있는 평발이기 때문이다. 그래서 찰진 초원을 걷겠다는 꿈은 접을 수밖에 없다. 사막을 걷게 되어 있는 낙타의 평발은 무거운 엉덩이가 당기고 낙타에게 사하라 사막은 굴레가 되어 벗을 수가 없다. 그 사막에는 오랫동안 함께 해 온 까슬한 바람이 있고, 검은 태양이 있고, 그리고 환한 침묵들이 낙타에게 굴레가 되어 있었던 것이다. 뒤에 남는 내 발자국은 잠시 길이 되어 남았다가 이내 지워지고 만다. 굴레가 된 사막을 파면 하얀 고래 뼈가 묻혀있을 것이다. 고래도 바다가 굴레가 되어 떠나지 못할 때 지각 변동으로 사막이 되었고 자신도 사막을 벗어나지 못하면 언젠가 하얀 뼈로 모래 속에 파묻힐 것이란 예견을 갖는다. 그것은 맞물리는 태양 아래 어디로 가고 있는 것인가?란 의문에 스스로 찾는 답이 된다. 지금은 방울 울리며 걸어가면 모래가 흐트러지며 발자국이 생겨나지만 이내 모래가 몸을 세워 그것을 지운다. 바람 비벼대는 모래언덕에 숟가락을 엎어 놓고 고개를 든다. 끝없이 반복되는 삶. 모래를 뜨겁게 달군 햇살은 이유를 말하지 않는다. 삶에는 이유가 없다. 비를 안고 돌아올 구름이 답을 알고 있을까? 정말 그럴까? 낙타는 빈 사막에 물음표를 남긴다. 살아가는 것은 발자국을 남기는 것이 아니라 물음표를 남긴다는 현존재의 자각을 드러내고 있는 작품이다. 현실과 이상의 괴리를 담아내고 있는 작품이다. 그런 갈등구조의 작품들이 이번 시집에 주류를 있다고 보여진다. 그 내용을 잘 말해 주고 있는 대표적인 작품으로 「**풀씨 이야기**」를 꼽을 수 있겠다. 전통적인 양반 가문의 구체적인 모습과 가문의 선조들이 어떻게 나라를 지키기 위해 애썼는지 그 모습과 내용이 형상화되어 있다.

'야 야 할아버지 산소 그늘졌더라 손 좀 봐야겠던데' 진동고개 넘어오던 고종형님 신국산 산소 보고 전화했다 급한 산세에 남향 솔숲과 언제까지 날 세울 수 없어 이참에 납골당으로 모셨다 가파른 성묘길 벌초 걱정 안 해서 좋기는 하다만
  아버지 가시면서 한 당부와 건네준 할아버지 비문이 자꾸 귀를 건드린다

  갑오경장 해에 나신 할아버지 삼일운동 때 독립선언서를 손수 철필로 등사해 수천 명에게 배포하고 함안장터 만세운동에 앞장 섰으나 곧바로 왜경을 피해 강원도 산속부터 만주까지 십여 년 오로지 도피와 망명이었다
  환국 후에도 고향 땅 제대로 밟지 못한 풍찬노숙을 생각하면 묘비 건립해드려야지 하면서도 기운 가세에 어릴 적부터 집안일 도맡다가 육이오동란 그해 칠월에 입대하여 격전을 치르고 무공훈장을 수훈한 아버지 모습이 또 걸린다

―「풀씨 이야기」 앞부분

 이 작품은 집안 윗대 할아버지 산소에 그늘이 져서 이를 손봐야 하겠다는 대목에서 출발한다. 그러다보니 여러 어른들 산소가 마음에 걸려 온다. 선조 어른들의 생전 모습을 짚어 가면서 집안의 나라에 대한 마음가짐과 내력을 소상히 기억해 낸다. 이렇게 써낼 수 있는 것은 가계에 대한 애착과 자부심이 크지 않으면 어렵다는 것을 말해 주

기도 한다. 집안의 내력이 이렇게 기록될 수 있는 것은 바로 자신의 가계가 아니면 어려울 것이다. 함안장터에서 3.1 만세운동을 주도하신 할아버지와 해방 후 한국 전쟁 때 참전하여 나라를 지킨 아버지 모습을 기억하고 있는 시인으로서는 세상에 대한 또는 나라 일에 대한 남다른 애착을 버릴 수가 없었을 것이다. 이런 집안의 내력은 안승천 시인의 내면에 자리 잡고 그의 일거수일투족에 작용하였을 거라 여겨진다. 그러기에 시인으로서 가져야 할 자유로운 영혼의 상상력에도 쉽게 간섭하며 일정 궤도를 벗어나는 걸 제어했을 것이라 보여진다. 그래서 시인은 나비가 되어 자유로운 영혼을 찾아 나섰던 것이다. 아래 작품을 보면 그런 갈증을 쉽게 짐작해 볼 수 았다.

> 나비넥타이를 매고 싶다
> 꽃가루를 묻히지 않고 치자꽃에 앉을 수 있겠지
> 어쩔 수 없이 남겨놓은 발자국은 지워야 해
> 순간을 버티지 못하고 허공에 그려놓은 날갯짓
> 뒤뚱거리며 삼켜야만 해
> 색조 화장이 무거워 어깨가 처지려 해
> 끝내 애벌레 모습을 지우지 못하나 봐
> 단내 쫓고 꿀물에 발 담그려
> 아직도 온 낮 숲속을 뒤적이지
> 꽃은 더이상 위로가 아니야
>
> 바다를 건너야 해

안데스 넘어 망가진 우림雨林으로 가야겠어
　이마 위에 구름이고 한 열흘 비를 뿌릴 거야
　키 큰 무화과나무에 물방울무늬 긴 목걸이를 매어 주고 싶어
　토닥이며 바닥을 밟는 소리가 울리겠지
　밀림이 걸음을 붙잡아도 죽지가 젖을 때까지 방황할 거야

　열흘 하고도 하룻밤을 더 울고 싶어
　매미 날개를 봐 그늘에서도 투명하고 싶지
　허리를 바로 세우고 고개를 숙이지 않아야 해
　눈길은 비스듬히 구름 위를 볼 거야
　새털구름에 밧줄을 걸고 황색등을 깜빡일 거야
　나를 움직일 수 있는 건 꿈 뿐이야
　솜털 위에 앉아 날개를 접고 나비 꿈을 꿀 거야
　늦은 봄 햇살 구름 위를 밟는
　비늘가루를 덮어쓴 젖지 않은 그 꿈

―「방황나비」 전문

　방황나비는 목적지 없이 이리저리 방황하며 날고 있는 나비를 지칭한다. 나비는 목적지를 정하고 날지는 않는다. 태어날 때부터 궤도 이탈한 자유를 몸에 달고 태어났다. 나비의 날개를 보면 자유로움이 솟구친다. 나비에게 누가 자유를 빼앗을 수 있을까. 아무도 없다. 나비는 자유다. 안승천 시인이 만나고 싶은 것은 바로 나비의 날개가 지

닌 자유로움일 것이다. 그래서 꿈꾼다. 어디든 갈 수 있고 무엇이든 꿈꿀 수 있는 자유를 그려본다. 그러나 자신을 얽매고 있는 것들은 숱하다.

  이 작품은 자유로움을 갈망하여 쓰여진 작품이다. 시적 화자는 넥타이를 매고 출근하는 직장인이다. 그는 넥타이로 나비넥타이를 고른다. 나비가 되어 날아가고 싶은 욕망을 담았다. 나비넥타이를 매고부터 그는 실제 나비가 되어 꽃을 찾아 날아간다. 자주 가던 곳을 벗어나 치자꽃에 앉아 본다. 몸에 꽃가루를 묻히지 않고 꽃에 앉고 싶다. 그것은 그가 누리는 자유를 훼방 받고 싶지 않기 때문이다.

  300년 전에 출생한 칸트는 현재에 존재하지 않는다. 그러나 그의 논거는 현재에도 세상을 관통하는 철학적 명제로써 우리 삶이나 정신에 관여한다. 그가 원하든 원하지 않든 칸트의 존재는 몇 백 년 세월을 인간의 이성에 좌표를 던지고 있다. 우리나라 조선시대 사회를 지배하던 계층은 선비들이었다. 선비들은 나름의 철학을 가지고 어떤 사회 기류를 형성하며 신분과 가문을 형성하며 오래도록 군림할 수 있었다. 그렇게 이어져 내려온 정신이 바로 선비정신이라는 것이다. 자존심 굽히지 않는 딸각발이 정신이 그것이다. 뼈대 있는 선비 집안의 가풍을 이어오면서 현재까지도 사회를 지탱하는 정신의 한 영역을 구축하고 있다 할 것이다. 안승천 시인도 그런 가문에서 어른들이 살아온 결 고운 선비정신을 구현하던 모습을 잊지 못하고 그것을 지켜 내야한다는 강박관념에서 자유롭지 못했을 것이다. 이번 시집에서 그런 갈등하는 모습이 나타나는 것은 자연스러운 모습이라고 보여진다. 그런데 문제는 벗어나고 싶은 자유로운 영혼을 소유한다. 그래서 갈등에 빠져 '얽매임 없음'에 갈증을 느낀다.

젖은 소매 걷고 주머니 속에서 손가락 헤아려 보지만 석물 두 개 세우는 게 계산이 서질 않고 또 말간 산천에 주름 한 고랑 보태는 것 같아 뭉긋거린다 본디 윗대의 행적이란 입으로 옮기다가 달빛 물들고 바람 스미어 전설로 흩어지는 게 거개인데, 그때 먼 동토에서 받은 '별일 없이 잘 지낸다'는 말 돌아갈 일 없다는 인편에게 혹시 가게 되면 꼭 전해달라는 그말 같다

'그 참 쯧쯧' 하시겠지만 가슴에 앉은 이여
발굽에 치이고 서리 눌려도 풀씨 하나는 꼭 남기듯이
저도 이 판에 씨앗 한 알만 틔워 놓겠습니다

꾸중은 나중에 만나서 듣기로 할게요
납골당, 대나무로 병풍치고 백일홍 낙엽으로 탕국 끓여
재배합니다

—「풀씨 이야기」 후반부

이 시의 전반부와 후반부의 시각은 확연히 다르다. 전반부의 내용이 선조들의 업적을 기렸다면 후반부는 후손

들이 겪어야 하는 고뇌를 서술한다. 후반부 내용은 선조를 모셔야 하는 일은 후손으로서 마땅한 일이지만 주머니 속 사정을 헤아려보니 석물 두 개 세우는 것은 계산이 서질 않을뿐더러 석물이란 게 세우게 되면 말간 산천에 고랑 하나 더 보태는 일처럼 부질없는 일로 여겨져 뭉긋거린다. 윗대의 행적이란 입으로 옮기다가 세월이 지나면 달빛에 바래져 전설이 되어 흩어지는 것이 보통이니 그때면 시베리아에서 별일 없이 지낸다는 기별에 돌아갈 일 없다는 뜻을 인편으로 부탁한다는 것인데 그 인편도 가게 될지가 불확실하다. 그래서 선조도 혀를 차겠지만 가슴에 들어앉은 선조들이 풀씨 하나는 남겨 왔듯이 자신도 씨앗 한 알 틔워 놓으면 되지 않을까 생각한다. 지금의 불충스런 일은 나중 만나서 꾸중으로 듣기로 하고 지금은 납골당에 대나무로 병풍을 치고 낙엽으로 탕국을 끓여 이대로 넘어갈까 하여 앞의 비석 이야기는 없었던 일로 하고 재배하는 것으로 답한다는 현실적인 모습을 보인다.

　우리나라에 전통있는 집안마다 산소관리가 핵심 쟁점으로 떠오르고 있다. 시대가 변하여 흩어져 있는 산소는 관리가 되지 않을뿐더러 그것을 도맡아 할 후손도 나타나지 않는다. 제사도 차츰 지내지 않는 풍조로 바뀌어 가고 있는 실정에 따라 묘지 관리나 석물을 두는 문제에는 심각하게 고려해 보아야 하는 것이 후손들이 지닌 딜레마일 수 있다. 이런 산소관리의 문제는 어제오늘이 아니라 앞으로 계속 일어날 문제로 읽혀진다.

　안승천 시인의 작품들은 다촛점 시각으로 구성된다. 위

작품에서도 선조들의 행적들을 들추어내면서도 현대인들의 고뇌를 건져 올린다. 이 방법은 사연의 이면을 들여다봄으로써 현대인들이 지닌 복잡하고 획일적으로 재단할 수 없는 생각들을 보여 줄 수 있는 이점을 갖고 있기 때문이다. 아래 작품에서도 그런 모습은 구현된다.

"뿌리는 꿈쩍 않고/볕 좋은 자리 골라/고개 기울이는/눈치 없는 나뭇잎/기척만 해도 놓치지 않고/소슬바람을 기웃거린다/괜히 시선만 흔들린다/끝내 가야 할 곳이 바닥임을 알고/뜬 눈으로 말라간다"(「나뭇잎」 전문)

이 작품도 나뭇잎을 통해 삶과 죽음의 양면을 동시에 들여다보는 모습을 보인다. 이런 모습은 「검은 비닐봉지」, 「먼 길을 간다」, 「꿈꾼다」, 「11월」, 「버려진 시계」, 「밥버러지」, 「나날」 등 여러 작품에서 이면적인 의미를 담고 있다.

아무리 가벼운 말도
버리면 돌이 되지
글은 벌써 돌이 된 말

맞춤 새장과 둥지를 준비한다
'애매하다고요'
커서 나쁠 거야 없지만
크기가 문제지

중간보다 약간 높은 곳에 횃대를 건다
'기회주의자라고요'
중간은 손해 보는 것 같더라고

'꼭대기보다 더 비겁하다고요'
그럴지도 모르지 원래 앵무새잖아
그래서 속삭임이 담을 넘는 앵무를 키울 거야

'이런 건 왜 키우느냐고요'

벽을, 창문을, 허공을 바라본다
말은 혼자 두면 돌이 되니까

단맛 쓴맛 치장하지 않는 말을 들을 거야
'시끄러워 닥쳐'
'택배요'

이백일동 육백팔호에는
서로 생략된 말을 베껴 적는다
'택배요'
'시끄러워 닥쳐'

—「앵무새 키우기」 전문

시적 화자가 앵무새를 키우기 위해서 새장을 장만하여

꾸미는 모습을 도입부에 그린다. 앵무새를 키우는 일은 돌이 되기 싫은 말을 위해서다. 앵무새는 자꾸 말을 옮겨 주기에 말이 죽지 않아서다. 시적 화자가 새장과 둥지를 준비했는데 그 크기가 애매하다. 커서 앵무새에게 나쁠 것은 없다고 자위한다. 그러고는 앵무새가 앉을 횃대를 중간보다 약간 높은 곳에 걸었더니 기회주의자라고 매도한다. 시적 화자는 중간은 손해 보는 것 같아서 약간 위로 걸었다고 한다. 꼭대기보다 그곳은 애매하여 더 비겁하단다. 어차피 비겁한 것은 앵무새이기에 그곳이 당연하다 여긴다. 앵무새 속삭임이 담을 넘어가기 때문에 키우는 이유다. 그렇게 말을 옮기는 앵무새를 왜 키우냐고 핀잔을 듣는다. 화자는 벽이나 창, 허공을 본다. 그곳에는 돌이 된 숱한 말들이 있다. 앵무새는 돌이 되지 않을 말을 위해 키운다. 앵무새로부터 치장하지 않은 말들을 들을 거라 한다. 그 말은 즉 '시끄러워 닥쳐'와 '택배요' 하는 꾸밈도 없고 현실감 있는 살아있는 말들이다. 앵무새를 키우고 있는 아파트 육백 팔호에서 거두절미되어 생략된 말을 앵무새가 베껴 적는다. '택배요', '시끄러워 닥쳐'는 그 시간에 마침 대문 앞에 택배가 배달된 사실과 의견 충돌이 있어 일방적인 폭언이 앵무새가 베껴서 다시 들려준 것이다. 이렇게 앵무새 키우기는 현대인들이 삶의 현장에서 겪는 우화를 보여준다. 이는 언어가 전도되는 현실의 부조리한 모습을 보여주며 말이 죽는다는 의미는 시인이 지금 여기의 우리들에게 던져주는 새겨 들어야 할 경구로 보인다.

'표범이 말을 낳고, 말이 또 사람을 낳는'
시는 매인 바 없는 생각이라 했는데

나는 눈길 닿은 하늘 끝 작은따옴표 사이에
구분되지 않는 쉼표 또는 마침표
쏘물게 붙은 점만 눈 비비고 쳐다본다
실낱 물줄기 협곡을 파고들어 강바닥을 헤적인다
배는 거친 물살 위로 노 저어 가지만
골짜기를 빠져나오지 못하고 그림자만 기슭에 닿는다

바삐 움직여도 여왕개미 병정개미
눈 닫고 귀 막고 뜀박질하는 일개미
누가 바쁠까 한 가지만 하다가 손 비비며
하늘 볼 텐데
가려운 데는 언제나 손이 닿지 않는다
시가 날린 홀씨 굳은 등허리에 뿌리 내렸다
다시 새 촉 올라오기나 할까

비는 재촉하고 걸음은 무겁다
앞서 가는 발자국은 돌아보지 않는데
언제쯤 수련 수런대는 모네의 연못 아래
금빛 잉어가 등불 밝히고 헤엄칠까?

물구나무 선 물음표, 글쎄 능소화

―「진부함의 제거」 전문

  위 작품은 안승천 시인의 시 쓰기에 대한 생각을 들여다볼 수 있다. 1연과 2연에서 시란 매인 곳이 없는 자유로운 상상력이라 알고 있고 생각하는데 자신의 시 쓰기는 그러지 못하고 있음을 드러낸다. 이런 모습은 앞의 작품 「방황나비」에서 보여주는 갈등과 방황이 드러나 보인다. 여기에서 시인은 시를 자유로운 상상력에 과감한 현실 타파를 보여줘야 하는 것인데 자신은 자신이 눈길 닿는 대상 혹은 사물에서 쉼표나 마침표와 같은 숱한 점들만 보고 있다. 눈비비고 쳐다보아도 심도 깊은 의미나 참신한 속내는 드러내지 못하고 만다는 의미를 보인다. 그가 탐구하는 것들도 실낱같은 협곡에 들어서도 큰 골짜기는 보이지 않고 강바닥만 헤적이고 있는데 배는 거친 물살을 헤치고 나아가고 자신은 골짜기를 벗어나지 못하고 몸체는 보이지 않고 그림자만 기슭에 닿아 변죽만 울리고 있다고 느낀다. 화자가 바삐 움직여도 여왕개미, 병정개미, 일개미 중에 누가 바쁜 것인가를 생각하다가 손 비비며 하늘을 볼텐데 정작 가닿고 싶은 세계는 누가 바쁜 것인가가 아니고 내 손이 가닿지 않는 곳에 있다. 시가 남긴 홀씨가 등허리에 뿌리를 내렸는데 다시 새 촉이 올라 올 것인지는 미지수다. 비는 내려 썩은 뿌리를 적셔 싹을 틔우라고 재촉하지만 자신의 걸음은 무겁다. 앞서가는 발자국들은 돌아보지 않고 제 갈 길만 가고 자신은 언제쯤 수련이 피어있는 연못에 가서 금빛 잉어가 되어 헤엄을 칠

수 있을까? 지금 내게는 물구나무선 물음표로 남아 있는 능소화 보는 것도 의구심이 든다는 망설임과 자신 작품에 대한 확신이 서지 않음을 내비친다.

안승천 시인의 작품에는 시간과 죽음이나 소멸 이미지가 자주 등장한다. 그것은 아마도 어머니의 죽음과도 깊은 연관성을 갖는 것으로 보인다.

'이 땅 위에서는 그 눈빛/다시 볼 수 없다/가벼워진 그녀를 허공으로 띄워 보낸다/그 구름 뭉클하다/바람이 불어도 왜 헤어져야 하는지/이유를 모르겠다/모르는 게 많아서 난 괜찮다' (「**별리**」 뒷부분)

시에 무엇을 담을 것인가에 대한 고민은 모든 시인이 해결해야 할 고민이다. 인식론적 시론에 따르면 시는 존재를 파악하는데있다고 한다. 시는 정서와 상상을 통하여 사물의 본질을 파악하고 포착하는 인식의 수단이라는 것이다. 철학자 바슐라르는 '시인의 관심은 존재에 있으며 그것을 의미화하기에 앞서 실재(존재)를 노래해야 한다고 주장한다. 안승천 시인도 그의 시에서 사물의 존재 파악과 자신의 실존을 드러내고자 하였다. 시에는 정답이 없다. 그래서 어느 길이 옳은 길인지도 없다. 방황나비처럼 날고 싶은 대로 날면 되는 것이 시다. 앞이 보이지 않는 시의 길에서 갈등과 주저와 망설임은 당연한 행동거지다. 이제 자신감 있게 자신의 숲속을 거칠게 날아가는 탐색나비가 되기를 갈망하며 첫시집 상재를 축하 드린다.